Bildnachweis: Bildarchiv der Österreichischen Nationalbibliothek

Mehr Infos zur Reihe »Wien in alten Fotografien«
finden Sie unter: www.ueberreuter.at

ISBN 978-3-8000-7521-8

Redaktion: Carola Leitner und Kurt Hamtil
Gestaltung: Kurt Hamtil, Verlagsbüro Wien
Coverfotos: Bildarchiv der Österreichischen Nationalbibliothek

Druck: Druckerei Theiss GmbH, A-9431 St. Stefan i. Lav.
7 6 5 4 3 2 1

Ueberreuter im Internet: www.ueberreuter.at

WIEN IN ALTEN FOTOGRAFIEN

Alt-Wiener Weihnacht

UEBERREUTER

Alt-Wiener Weihnacht

Das winterliche Wien von anno dazumal übt eine große Anziehungskraft aus. Der Zauber der verschneiten Stadt, der auf die Bewohner und Besucher gleichermaßen wirkt, ist vor allem in den vorweihnachtlichen Tagen besonders stark. Beim ersten Schneefall, wenn die weiße Decke das Klappern der Pferdehufe dämpft und die Kinder in Scharen auf die Straße und in die nahe gelegenen Parks eilen, um dort gemeinsam mit den Freunden Schneeballschlachten zu veranstalten und die ersten Schneemänner zu bauen, weiß man: das Weihnachtsfest ist nahe!
Es heißt, der Advent ist die stillste Zeit im Jahr. Heutzutage, wo das Einkaufen von möglichst vielen und teuren Geschenken in den Vordergrund gerückt ist und der wahre Grund dieses Festes nur mehr von wenigen wahrhaftig wahrgenommen wird, ist es wichtig, sich rückzubesinnen.
In den Tagen im Winter locken ein Besuch auf den Christkindlmärkten der Stadt, ein Spaziergang durch den weiß „angezuckerten" Prater oder die heißen duftenden Maroni beim Maronibrater um die Ecke. Sobald man in den Familien beginnt, leckere Kekse und Lebkuchen zu backen, wenn es nach Zimt und Koriander duftet, weiß man, dass Weihnachten naht. Bevor noch das Christkind kommt, findet der Nikolaus seinen Weg in die Stuben und bringt den braven Kindern Äpfel und Nüsse und so manche Leckerei, während sich die schlimmeren Buben und Mädchen vor dem Krampus in Acht nehmen müssen. Wenn der heilige Nikolaus in sein großes Buch schaut, um nachzusehen, ob die Kinder auch wirklich brav waren, gibt es schon so manches, das sich hinter dem Rockzipfel der Großmutter versteckt. Die Tage vergehen und die geöffneten Fenster im Adventkalender werden immer mehr. Sobald an manchen Ecken der Stadt die stattlich schönen Christbäume feilgeboten werden, naht das große Fest der Familie. Wie schön die Christbäume früher geschmückt waren! Der filigrane Schmuck, mit dem Mutter und Vater den Baum behängten.
Für manche Wiener und Wienerinnen war das Weihnachtsfest eine entbehrungsreiche Feier. Auch davon geben manche der Bilder Zeugnis. In manchen Familien fehlte noch der Vater, der nach Beendigung des Krieges in Gefangenschaft geraten war. So stellten die Daheimgebliebenen für ihre Lieben in der ungewissen Ferne eine Kerze ins Fenster. Ob man nun im Kreise der Familie feierte, im Lazarett oder Krankenhaus, im Erziehungsinstitut oder im Waisenhaus – überall brannten die Kerzen am festlich geschmückten Baum und die Augen der Kinder, die den Christbaum bewunderten und bestaunten, leuchteten mit den Kerzen um die Wette!

Vorvorherige Doppelseite
Weihnachtsbescherung für 63 arme Schottenfelder Kinder.

Vorige Seite
Weihnachtsfeier – der Engel Huldigung, 1952.

Linke Seite
Ein kleiner Bub am Christkindlmarkt am Neubaugürtel, 1952.

Seite 8

Weihnachtsveranstaltung des Senders RWR in der Medizinischen Abteilung von Prof. Boller, 1954. Auf der Bühne befinden sich Karl Böhm, Elli Naschold und Karl Farkas (v.l.n.r.).

Rechte Seite

Weihnachten 1937: Austeilung von Weihnachtsgulasch durch das Bundesheer an die bedürftige Bevölkerung.

In dieser Nummer: Beginn der großen Preisrätselserie

Nr. 52 30. Dezember 1937 56. Jahrgang

Das interessante Blatt

Weihnachtsgulasch wird ausgeteilt

Von der Winterhilfe wurde auch heuer wieder in Wien eine großzügige Gulasch- und Teeaktion für Bedürftige durchgeführt, Soldaten des Bundesheeres verteilten am 24. und 25. Dezember je 43.000 Gulasch- und Brotportionen. Am Silvestertag werden durch die Garnison Wien außerdem beiläufig 50.000 Portionen Tee und Brot verabreicht werden. Unser Bild zeigt die Gulaschkanone auf dem Matzleinsdorfer Platz. Phot. Ernst-Hilscher.

Bräuche um Neujahr. — Tiere in Hypnose. — Die Robinsoninsel Juan Fernandez.

200.000 Portionen Gulasch wurden im Rahmen einer großzügigen **Wohlfahrtsaktion** während d
Weihnachtsfeiertage an Notleidende durch Soldaten des Bundesheeres verteilt. — Das Bild zeigt ei
Ausspeisung in einem äußeren Bezirke **Wiens**. Phot. Telep

Seite 11

Blick auf die Philadelphiabrücke Richtung Meidlinger Hauptstraße, 1956.

Armut in Wien – Weihnachten 1933: ein Kupfertiefdruck nach einer Fotografie.

Rechte Seite
Hameau: An den Wochenenden im Sommer wanderten die Wiener in großen Scharen hier herauf. Im Winter wurden die Waldwiesen zum Schifahren genützt. Nach einem anstrengenden Schitag kehrte man in die Gastwirtschaft ein.

Seite 12

Weihnachtsfeier im Quäkerhilfezentrum im 3. Bezirk., Jaurèsgasse 13, für Kinder aus dem Flüchtlingslager „Am Hundsturm“ in Margareten, 1952.

Rechte Seite

Die Märzstraße in Rudolfsheim-Fünfhaus:
Ein neuer, von den Fußgängern bewunderter Schneepflug des Wiener Magistrats mit Doppelschaufeln beim Räumen, 1953.

Ertel
KINO
Foto Hohl
METALL
MÖBEL
PHOTO
W 75-123
KARL
GRITSCH

CAFE
GASTWIRTSCHAFT HAMEAU

Seite 15

Gspöttgraben 5 in Döbling – das Kleinkinderheim „Am Himmel": Sieben schüchterne Buben in froher Erwartung der Jause ..., 1950.

Die Gastwirtschaft Hameau: eine Ansicht über den Garten bei hoher Schneelage, 1925. Das Wald-Wirtshaus existierte bis in die 1960er-Jahre. Mit der zunehmenden Automobilisierung fuhren die Wiener lieber gleich nach Niederösterreich ins Grüne, sodass sich die Wirtschaft nicht mehr lohnte.

Rechte Seite

Wohltätigkeit in Wien: Die Caritas socialis veranstaltet einen Christkindlmarkt im Alsergrund, Haus Pramergasse 9. Besucher betrachten die aufwendig gestaltete Krippe hinter dem Glassturz.

Seite 16

Die Schneeschaufler entleeren ihren Karren in einen Hauptkanal. Sogar Rudolf Kirchschläger hat einst in Wien, während seiner Studienzeit, Schnee geschaufelt.

Rechte Seite

Ein übergroßer Vorbote: Der Weihnachtsmann am Christkindlmarkt am Neubaugürtel fasziniert die Kinder, 1953.

HA-HA
NYLON Zigarettendose
HA-HA
HA-HA
KAMM

Seite 19

Der Bennoplatz in der Josefstadt in einer Diagonalaufnahme mit viel Schnee Ende März des Jahres 1910.

Rechte Seite
Besucher vor einem Spielzeugstand.

Seite 20

Die Verteilung von über 1040 CARE-Paketen als Weihnachtsgeschenke im Nationalbankgebäude ab dem 22. 12. 1946. Das Bild zeigt einen österreichischen Polizisten, der das CARE-Paket für die beschenkte Familie trägt.

Rechte Seite
In der Leopoldstadt: Das zugefrorene Heustadlwasser im Prater mit Schlittschuhläufern um 1900. Der Name geht auf die einst in der Gegend zur Rotwildfütterung aufgestellten Heustadeln zurück.

Weihnachtsfeier der Wiener Polizei in den Sofiensälen: Josef Holaubek, Feuerwehrkommandant von Wien und späterer Polizeipräsident, beschenkt Kinder von Polizisten, 1952.

Seite 22

Pompös ausgestattе Weihnachtsfeier im Wiener Rathaus, um 1900. Eine große Anzahl von verkleideten Kindern posiert für den Fotografen im Festsaal.

Rechte Seite
Verschneiter Hohlweg in der Eichelhofstraße in Döbling, um 1935.

Ein verschmitzt lächelndes Mädchen als Christkind verkleidet.

SCHLOSSEREI
BLUTGASSE 9
RENAISSANCE
BAR
Möbel Stoffe
BAR
DETEKTIV
CAFE

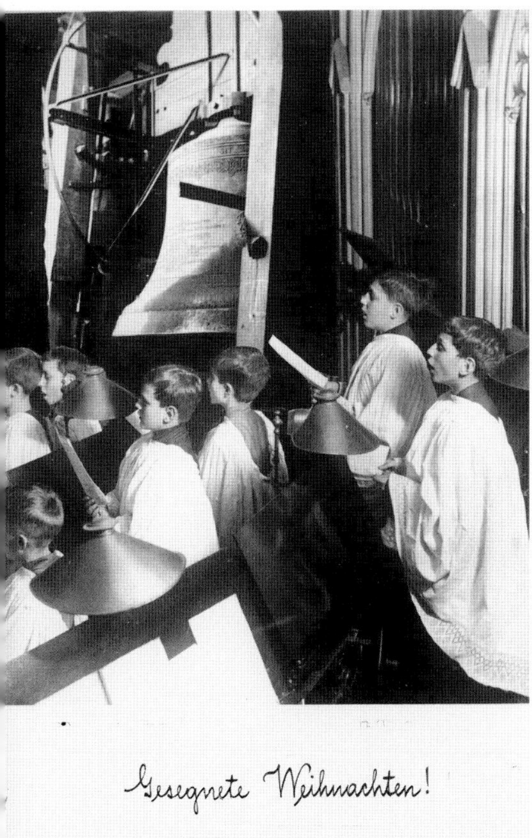

Seite 25

Der Blick in die Singerstraße nach Schneefall im Winter 1937–1938.

Rechte Seite
Der Stock-im-Eisen-Platz bei dichtem Schneefall, im Vordergrund des Bildes ein Adventkranz, 1939.

Ein Weihnachtsbaum mit Lichtern beim Christbaumverkauf vor der Votivkirche, 1956.

Die Chorknaben singend bei der Christmette zu Sankt Stephan.

Seite 26

Belvedere-Park: Eine gestutzte Hecke mit Schnee als winterliches Fotomotiv.

Rechte Seite

Weihnachtsfeier für bedürftige Kinder.

Am Schafberg in Hernals: Zwei Damen in langen Röcken mit Rodeln stehen auf einer verschneiten Wiese für den Fotografen Modell, um 1900.

Seite 28

Zwei alte Damen vor ihrem traditionell geschmückten Christbaum, 1958.

Rechte Seite
Weihnachten 1952:
So schauen glückliche Kinder aus!

24.-

Seite 31

Am Heiligen Abend wird gemeinsam gesungen und musiziert: im Reservelazarett, 1943.

Kinder vor der Auslage eines Spielzeuggeschäftes, 1931.
Ob das Christkind die Wunschliste erhalten hat?

Rechte Seite
Verschneites Döbling: Hier im Bild der Pfarrplatz mit Blick auf das Beethovenhaus und eine Heiligenstatue.

Seite 32

Das Wetterhäuschen im winterlich verschneiten Stadtpark, um 1930.

Rechte Seite

Ein kleines Mädchen mit Schleife im Haar unter dem Weihnachtsbaum um 1940. Nach dem lang ersehnten Trubel des Heiligen Abends samt Kirchgang und Bescherung darf man schon müde sein!

eterchens
Mondfahrt

Seite 34

Nach ein paar Glasln Wein wird gesungen und Bruderschaft getrunken; Weihnachtsfeier im Reservelazarett, 1944.

Rechte Seite

Hilfsaktion von Angehörigen der US-Streitkräfte: Kinderschuhe werden zur Verteilung vorbereitet.

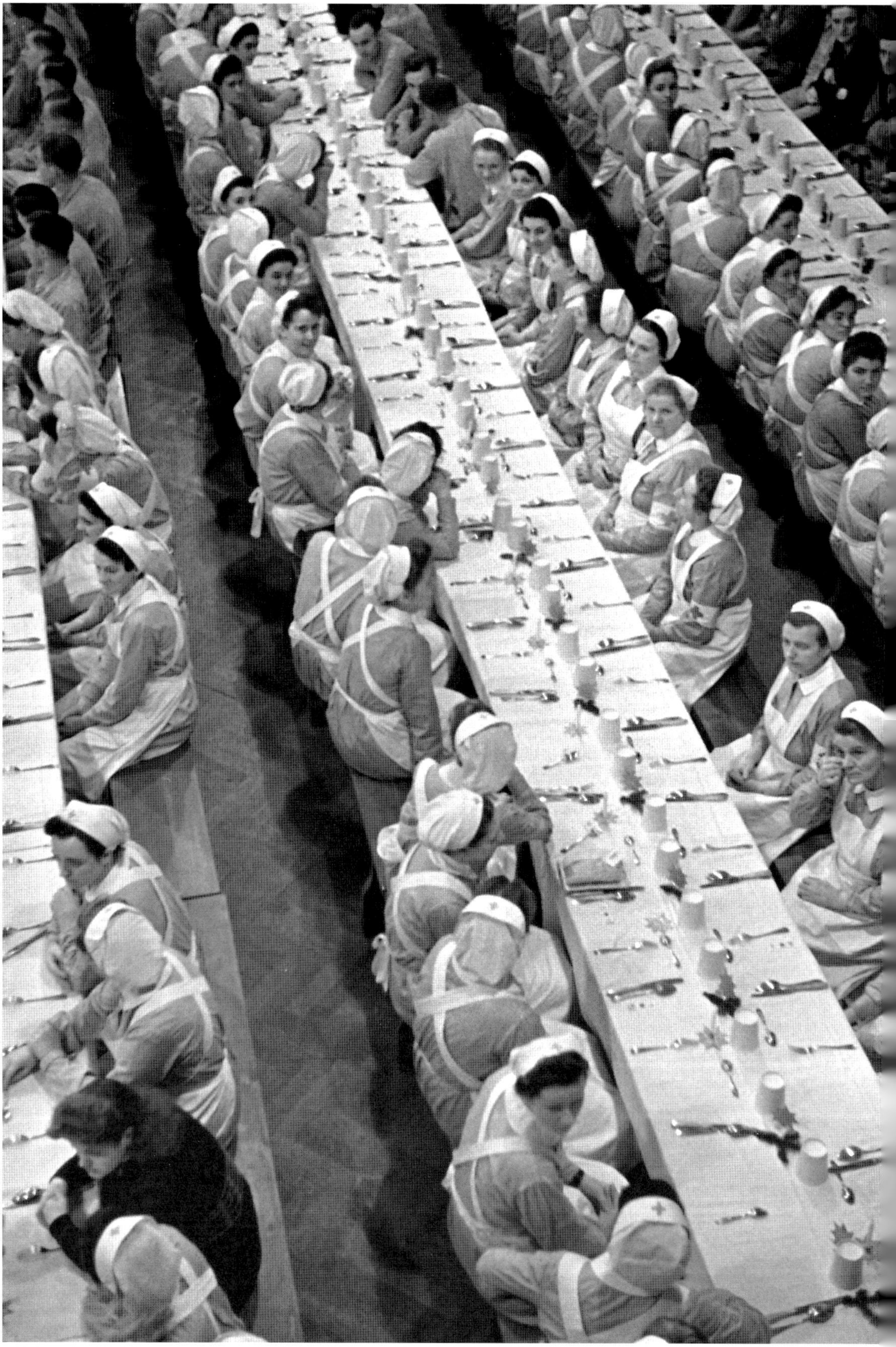

Seite 37

Auch in den Lazaretts wird der Heilige Abend feierlich begangen: Reservelazarett IIc–IIa. Die Schwestern in ihrer Tracht an den gedeckten Tischen sitzend, 1942.

Rechte Seite

Weihnachtsdekoration am Wiener Graben, um 1960.

Seite 38

Wien im Schnee: Schneeräumung auf der Rechten Wienzeile, um 1947.

Rechte Seite

Die Krippe ersetzt am Heiligen Abend den Adventkranz, 1954.

Weihnachtsfeier in einer Soldatenunterkunft: Ein kleiner Christbaum am Tisch, davor Geschenke – zwei Soldaten musizieren mit Gitarren, 1943.

Seite 41

Wiener und Wienerinnern beim Flanieren am Chrsitkindlmarkt, nach 1930.

Rechte Seite
Der große Weihnachtsbaum vor dem Rathaus, 1966.

Seite 42

Auf der Rodelbahn: Wintervergnügen in der Umgebung Wiens, 1931. Nach der Menge an Zuschauern zu schließen, handelt es sich um ein Rennen!

Seite 45

Rodaun, Liesing: Schönes winterliches Bildmotiv, während eines Spaziergangs aufgenommen, um 1900.

Rechte Seite

Die Vorbereitungen für den Heiligen Abend: Noch ist der Baum im Zimmer recht schmucklos …

Seite 46

Ein festlich gedeckter Weihnachtstisch mit Tannenzweiglein, Tischkärtchen und kleinen Bastelarbeiten. So lässt es sich speisen!

Rechte Seite
Die Adventzeit: Der Christkindlmarkt Am Hof, um 1900.

Der Heilige Abend: Eine ältere Dame im Kreise ihrer Lieben samt kleinem Bäumchen, Krippe und liebevoll verpackten Geschenken.

Seite 49

Eine Aufführung zur Adventzeit: der Engel Huldigung ..., 1952.

Rechte Seite
Die Holzfäller bei der Christbaumschlägerung: Die Bäume werden mit dem Traktor abtransportiert, 1954.

Seite 50

Der Heilige Abend: Ein keiner Bub vor dem geschmückten Christbaum, 1954.

Rechte Seite

In Floridsdorf: Eisläufer auf dem zugefrorenen Angerteich, 1933.

Die nagelneuen Dreiräder haben den beschenkten Kindern sicher viel Freude – und wohl auch das eine oder andere blutige Knie gebracht!

Frohe
Weihnachten
den österr. Kindern

Seite 53

Eltern und Kindern vor dem Christbaum: Das brave Christkind hat eine Rodel, Skier, ein Buch usw. gebracht.

Wohltätigkeit – amerikanische Weihnachtsgeschenke-Aktion für bedürftige Wiener: Ein mit Geschenken voll beladener Lastkraftwagen unterwegs zu den Empfängern, 1954.

Christbaumschlägerung im Wald: Förster und Gehilfe beim Aussuchen der Bäume, 1954.

Rechte Seite

Der Christkindlmarkt Am Hof: Der Blick gegen die Nordfront in einer Aufnahme aus dem Jahre 1917.

Ein mit Pferden bespannter Schneepflug aus vergangenen Zeiten, um 1905.

Gemeinde Wien V. Bz. № 4

Seite 56

Wieden – Getreidemarkt: Harte Arbeit im Winter, Schneeschaufler in der Linken Wienzeile vor der Secession, 1950.

Rechte Seite

Auch für das leibliche Wohl ist am Christkindlmarkt gesorgt – hier ein Würstelstand, 1949. Die Geschichte der Wiener Christkindlmärkte reicht ins Jahr 1296 zurück. Albrecht I. erteilte damals den Wiener Händlern und Gewerbetreibenden das Privileg für die Abhaltung eines „Dezembermarktes“, so sollte die Versorgung der Wiener Bevölkerung gesichert werden.

Würstel 1 Paar nur

Seite 59

Auf der Freyung: Der Christbaumverkauf vor dem Palais Harrach im Jahre 1917.

Rechte Seite

Gruppenbild unterm Christbaum:
Neun Personen aller Altersstufen vor einem geschmückten Nadelbaum, darunter Karoline Schmutzer (Mitte) und die Mädchen Susanne und Maria Schmutzer.

Seite 61

Spielzeug anno dazumal: Kinder vor Spielzeugstand, 1949.

Die Alliierten organisierten für eine Kindergruppe eine Filmvorführung im „Yank-Theatre", dem ehemaligen „Kolosseum" im Alsergrund.

Rechte Seite
Festlich beleuchteter Weihnachtsbaum der Gemeinde Wien vor dem Rathaus, in einer Aufnahme aus dem Jahre 1956. Der Christkindlmarkt am Wiener Rathausplatz wird seit 1975 abgehalten.

Seite 62

Vor dem Rathaus im Jahre 1948: Die Aufnahme zeigt das traditionelle Turmblasen zu Silvester am Platz vor dem Rathaus. Das Foto wurde vom Turm auf die Zuhörer herunter gegen das Burgtheater aufgenommen.

Rechte Seite
Wenn man zusammenhilft, klappt alles – denn auch der Umgang mit einer Papierpfeife will gelernt sein, 1949.

Seite 65

Eine Feier der Alliierten im Großen Speisesaal des Waldheim-Eberle-Gebäudes in der Seidengasse 11: Essensausgabe, 1948.

Feierlichkeit in der Seidengasse 11: Die Kinder an den Tischen, 1950.

Rechte Seite

Die Zeit nach dem Zweiten Weltkrieg war von Entbehrungen geprägt. Damit viele Kinder aber dennoch kleine Geschenke unter den Christbäumen vorfinden, gab es Hilfe von den Angehörigen des US-Militärs. Auf der BIld werden die Geschenkpakete vorbereitet, 1946.

Seite 66

In der Inneren Stadt vor der Oper: Der stattliche, schön beleuchtete Christbaum der „Winterhilfe der österreichischen Bundesregierung", 1934. Das Plakat ruft die Wiener und Wienerinnen auf, hungernde Kinder als Gäste bei sich aufzunehmen.

Rechte Seite

Aufmerksam blicken die Kinder, oder zumindest die meisten von ihnen, in Richtung Bühne. Die Feier wurde von der österreichisch-amerikanischen Gesellschaft in Wien ausgerichtet, 1948.

Seite 69

Der beliebte Christkindlmarkt am Neubaugürtel:
Ein Luftballonverkäufer mit Kundschaft, 1949.

Rechte Seite
Am Neubaugürtel gibt es viel zu sehen! Ein kleiner Bub hat es eilig ... 1952.

Seite 70

Das Blinden-Erziehungsinstitut in der Wittelsbachstraße 5 in der Leopoldstadt, 1901: Die blinden Kinder haben sich um den Christbaum geschart und warten brav auf die Bescherung.

Rechte Seite

In Neubau, Seidengasse 11: Verteilung von kleinen Geschenken an Kinder österreichischer Beschäftigter der ISB Austria im Waldheim-Eberle-Gebäude, 1950.

Zufriedene Gesichter bei den beschenkten Buben!
Das Kleinkinderheim „Am Himmel" in Döbling: Weihnachtsfeier des American Children Friendship Fund, 1951.

TURF
MATADOR

Seite 73

Eine Weihnachtsfeier im k.u.k. Offizierstöchter-Erziehungsinstitut Kalvarienberggasse 28 im 17. Gemeindebezirk: Die vor dem Weihnachtsbaum angetretenen Zöglinge warten auf die Geschenkverteilung durch die Vorsteherin Bertha Gräfin von Geldern-Egmond, 1904. Das Institut war eine Ausbildungsstätte für Erzieherinnen zur Zeit der Habsburgermonarchie. Es wurde 1775 in St. Pölten gegründet und übersiedelte nach einigen Jahren nach Wien.

Das Hameau in Hernals: Eine flotte Schifahrerin vor der Gastwirtschaft in einer Aufnahme über den winterlich verschneiten Garten, 1925.

Rechte Seite

Große, leuchtende Augen am Christkindlmarkt am Neubaugürtel, 1950.

Seite 75

Es muss nicht immer ein klassischer Schneemann sein! Die Schneeplastik in der Schönbrunner Straße ist dem Goethe-Denkmal nachempfunden, 1953.

Rechte Seite

Hilfsaktion von Angehörigen der US Streitkräfte, 1947: Freiwillige bei der Sortierung von gespendeten Kleidungsstücke für österreichische Kinder.

Seite 76

Im Advent gibt es viel vorzubereiten: Jetzt ist es so weit– die Aufführung! Die aufgeregten, als Engel verkleideten Mädchen bei einem Weihnachtsspiel während der Pause, 1951.

Rechte Seite

Geschenkekäufer auf der Suche nach dem Richtigen! Blick in die Verkaufshalle eines Kaufhauses und auf die Käufer in der Weihnachtszeit, 1963.

88.-
72.-
148.-

Seite 78

Andächtige Feier auf einer Krankenstation: Die Schwestern singen mit Gitarrenbegleitung Weihnachtslieder, 1952.

Rechte Seite

Ein trauriges Bild aus dem Jahre 1952: Viele Familien mussten die Weihnachtsfeierlichkeiten in jenen Tagen ohne ihr Familienoberhaupt begehen. Viele stellten für ihre Angehörigen in Kriegsgefangenschaft eine brennende Kerze ins Fenster.
Die kalten, schneereichen Tagen brachten selbstverständlich nicht für alle Einwohner von Wien Glück und Freude. So gab es viele, die bitterste Not litten, kaum Feuerholz hatten, keine ausreichend warme Kleidung, es fehlte an Essen ... Auch das ist das Wien von früher – ein Bild der Armut und Not!

Seite 80

Der Christkindlmarkt am Neubaugürtel: Eingangstor, 1952.

Rechte Seite

Männer in Nikolo- und Krampuskostümen beschenken Verkehrspolizisten auf der Kreuzung Graben/Kärntner Straße, 1953.

PHILIPP
AAS & SÖH
WC

Seite 82

Die Strudelhofstiege im Alsergrund in einer Nachtaufnahme im Winter 1931.

Seite 84

Ein skeptischer Blick – „Ob das auch gut ist?“ Ein kleines Mädchen mit Mutter an einem Stand für Zuckerwatte, 1958.

Rechte Seite
Im Unterricht: Eine Klasse bastelt unter Aufsicht der Lehrperson einer Krippe, 1950.

Seite 87

Weihnachtsfeiern.
In den Sofiensälen feiert die Inlands- und Auslandshilfe für österreichische Kinder am 20. 12. 1948. Das Foto zeigt den Durchblick durch den Großen Saal.

Im Jahre 1948: 1300 Wiener Kinder im Großen Konzerthaussaal – in der Proszeniumsloge residieren die Ehrengäste, unter ihnen befindet sich das Ehepaar Figl.

Rechte Seite
Eine Weihnachtsfeier des Alt-Wiener-Bunds für alte, bedürftige Menschen im Großen Konzerthaussaal. Die damals nicht allzu üppige Jause bestand aus einer Tasse Kaffee und einem Kipferl.

Seite 88

Was wäre der Christbaum ohne Weihnachtsschmuck?
Produktion von Christbaumkugeln: Die Aufnahme zeigt Frauen in einem Betrieb beim Verzieren der Kugeln, 1962.

Seite 89

Wenn der Lebkuchenduft durch die Zimmer zieht … Darauf freuen sich nicht nur Kinder: das Kecksebacken im Kreise der Familie!

Fleißige Mädchen packen Weihnachtspakete für Soldaten ohne Angehörige.

Seite 90

Die schöne Krippe wurde von den Kindern einer Volksschule in der amerikanischen Besatzungszone gebastelt, 1950.

Rechte Seite
Die festliche Weihnachtsbeleuchtung in der von Besuchern überfüllten Mariahilfer Straße, 1959.

Die Lieblingsbeschäftigung der Kinder in den Weihnachtsferien – Rodeln auf der Rodelbahn auf dem Galitzinberg, 1954.

KINO
MOBEL

Seite 93

Am Christkindlmarkt Am Hof.
Zahlreiche Besucher beim Flanieren über den Markt, 1939.

Ein gut ausgestatteter Spielzeugstand mit Trommeln, Trompeten, Bällen, Schaukelpferden usw., 1939.

Rechte Seite
Das Bild zeigt die Sänger bei der Probe für das Weihnachtssingen des Glee-Clubs im Konzerthaus, 1947.

Seite 94

Hier lässt es sich gut Weihnachtsgeschenke finden: Der Silberne Sonntag in den Kaufhäusern der Mariahilfer Straße – die Aufnahme wurde am 15. Dezember 1957 gemacht.

Rechte Seite

Das Christkind war da! Ein kleines Mädchen mit Puppen und Stofftieren vor dem geschmückten Christbaum, um 1947.

Österreichische Nationalbibliothek

Bildarchiv

Das Bildarchiv der Österreichischen Nationalbibliothek ist mit mehr als eineinhalb Millionen Objekten die größte Bilddokumentationsstelle Österreichs.
Das Kernstück bilden über eine Million Fotografien, deren Themenspektrum von Porträts über Architekturfotografie, zeithistorische Dokumente, Alltagsbilder bis hin zu künstlerischen Aufnahmen reicht. Die grafische Sammlung umfasst heute mehr als 500.000 Druckgrafiken, Aquarelle und Zeichnungen, die Fideikommissbibliothek, die ehemalige kaiserliche Familienbibliothek, an die 117.000 Bände.

Über 50.000 Bilddokumente aus den wertvollen Beständen des Bildarchivs und der Sammlungen der Österreichischen Nationalbibliothek stehen digitalisiert in der Bilddatenbank des Archivs (www.bildarchivaustria.at) online für Forschung, kommerzielle und persönliche Verwendung zur Verfügung.

Sämtliche Recherchekataloge sind über Internet verfügbar (www.bildarchiv.at). Der digitale Wienkatalog bietet die Möglichkeit der Recherche zu mehr als 100.000 erfassten Fotografien und Grafiken zum Thema Wien. Die Suche kann nach Bezirken, Straßen, Hausnummern, aber auch nach bedeutenden Baulichkeiten und Themen ausgeführt werden. Auf Wunsch können fotografische Abzüge und digitale Kopien zur Verfügung gestellt werden.